amar é...

Para: ....

De: ....

...realizar um sonho.

...poder entrar em sua vida.

...sentir que estamos no topo do mundo.

...um sentimento que foge ao nosso controle.

...acompanhar você.

...sentir que meus pés não tocam o chão quando estou com você.

...ligar para você em vez de mandar um e-mail.

...melhor do que jamais sonhei.

...observar as estrelas juntos.

...ter saudades quando você está longe.

...querer dar um passo além da amizade.

...sentir que tudo
desliza sobre rodas.

...planejar juntos
as férias dos nossos sonhos.

...abraçar e não deixar
que você se vá.

...cuidar de você quando não estiver se sentindo bem.

...juntos, ajudar a quem precisa.

...abrigar-me em seus braços.

...caminhar sempre a seu lado.

...admirar você todos os dias,
ano após ano, pela vida toda.

...nosso universo particular.

...brincar
como crianças.

...viver juntos em
nosso mundo imaginário.

...viajar sem precisar de bagagem.

...o que mantém o mundo unido.

...melhor que viagem em primeira classe!

...saber que estarmos juntos
é o melhor plano.

...confiar quando você está no comando.

...sentir que estamos a um só "clique" de distância.

...valorizar nossas raízes.

...respeitar o caminho que cada um escolheu para si.

...economizar juntos para aquela viagem especial.

amar é...

...esforçar-se para ter uma vida mais saudável.

...nosso mundo.

Título original: *Liefde is... ...grenzeloos!*
Tradução: Camélia dos Anjos
Revisão: Madalena M. Carvalho
Diagramação: Pamella Destefi

Todos os direitos reservados. Proibidos, dentro dos limites estabelecidos pela lei, a reprodução total ou parcial desta obra, o armazenamento ou a transmissão por meios eletrônicos ou mecânicos, fotocópias ou qualquer outra forma de cessão da mesma, sem prévia autorização escrita das editoras.

love is... by kim

© 2014 Minikim Holland B.V.
ImageBooks Factory B.V., The Netherlands
All rights reserved – printed in China
© 2014 Vergara & Riba Editoras S/A
www.vreditoras.com.br

Rua Cel. Lisboa, 989 – Vila Mariana
CEP 04020-041 – São Paulo – SP
Tel./Fax: (55 11) 4612-2866
editoras@vreditoras.com.br

ISBN 978-85-7683-647-6

Impresso na China

Sua opinião é importante
Mande um e-mail para
opiniao@vreditoras.com.br
com o título deste livro
no campo "Assunto".

Conheça-nos melhor em
vreditoras.com.br
facebook.com/vreditorasbr

Dados Internacionais de Catalogação na Publicação (

C33a
Casali, Kim
 Amar é... ...infinito! / Kim Casali; [tradução Cam
dos Anjos]. – São Paulo: Vergara & Riba Editoras, 20
– (Amar é...)

 Título original: Liefde is... ...grenzeloos!
 ISBN 978-85-7683- 647-6

 1. Amor – Citações, máximas, etc. I. Série.

CDD 808.

Catalogação elaborada por Antonia Pereira CRB-8/4